Claudia Maria Bayerl

30 Minuten
für
Kreativitätstechniken

W0087771

GABAL

Bibliografische Information Der Deutschen Bibliothek

Die Deutsche Bibliothek verzeichnet diese Publikation in der Deutschen Nationalbibliografie; detaillierte bibliografische Daten sind im Internet über http://dnb.ddb.de abrufbar.

Umschlag und Layout: die imprimatur, Hainburg
Lektorat: Diethild Bansleben, Eppstein/Ts.
Satz: Wegner-Repke Typographie & Design, Offenbach
Druck und Verarbeitung: Salzland Druck, Staßfurt

© 2005 GABAL Verlag GmbH, Offenbach

Hinweis:
Das Buch ist sorgfältig erarbeitet worden. Dennoch erfolgen alle Angaben ohne Gewähr. Weder Autor noch Verlag können für eventuelle Nachteile oder Schäden, die aus den im Buch gemachten Hinweisen resultieren, eine Haftung übernehmen.

Printed in Germany

ISBN 3-89749-512-0

In 30 Minuten wissen Sie mehr!

Dieses Buch ist so konzipiert, dass Sie in kurzer Zeit prägnante und fundierte Informationen aufnehmen können. Mit Hilfe eines Leitsystems werden Sie durch das Buch geführt. Es erlaubt Ihnen, innerhalb Ihres persönlichen Zeitkontingents (von 10 bis 30 Minuten) das Wesentliche zu erfassen.

Kurze Lesezeit
In 30 Minuten können Sie das ganze Buch lesen. Wenn Sie weniger Zeit haben, lesen Sie gezielt nur die Stellen, die für Sie wichtige Informationen beinhalten.

- Alle wichtigen Informationen sind blau gedruckt.

- Schlüsselfragen mit Seitenverweisen zu Beginn eines jeden Kapitels erlauben eine schnelle Orientierung: Sie blättern direkt auf die Seite, die Ihre Wissenslücke schließt.

- *Zahlreiche Zusammenfassungen innerhalb der Kapitel erlauben das schnelle Querlesen. Sie sind blau gedruckt und zusätzlich durch ein Summensymbol gekennzeichnet, so dass sie leicht zu finden sind.*

- Ein Register erleichtert das Nachschlagen.

Inhalt

Vorwort

„Wenn ich immer nur das tue, was ich bisher getan habe, werde ich auch immer das bekommen, was ich bisher bekommen habe."
Henry Ford

Leider stimmt das Zitat von Henry Ford so in unserer Zeit nicht mehr ganz. Denn obwohl viele Unternehmen das gleiche tun wie vor 5 Jahren, bekommen sie viel weniger. Der Markt und das Käuferverhalten haben sich verändert. Wie reagiert man darauf und nutzt die Chancen, die in Veränderungen liegen? Neue Ideen, die verkaufen und begeistern, gehören mittlerweile zur Überlebensausrüstung.

Freuen Sie sich auf dieses Buch!
Es zeigt Ihnen zahlreiche Techniken, wie Sie schnell und zuverlässig neue, verkaufsstarke Ideen finden. So wird Innovation zur Methode.
Nachdem in der Textakademie die Seminare zu Kreativitätstechniken begonnen hatten, kamen immer wieder Anfragen, ob man denn die wichtigsten Techniken auch nachlesen könne, ob es weitere Materialien gäbe. Nun endlich gibt es die wichtigsten Themenpunkte kompakt in einem Buch. Und Frau Claudia Bayerl hat es geschafft, die Begeisterung für Ihr Thema und Ihre mitreißende Seminare und Vorträge auch auf diesen Seiten lebendig werden zu lassen.
Freuen Sie sich einfach. So wie viele tausend Seminarteilnehmer oder wie viele Unternehmen, die Frau Claudia Bayerl beauftragen, Besprechungen zu leiten und zu

moderieren. Sie werden ganz praktisch von den folgenden Seiten profitieren.

Ich wünsche Ihnen nun einfach viel Spaß beim Lesen!

Rudolf Bayerl
Geschäftsführender Gesellschafter der Mingle Europe GmbH

Herzlich Willkommen ...

Herzlich willkommen zu Ihrem neuen 30 Minuten Buch über Kreativitätstechniken.

Mein Name ist Claudia Maria Bayerl. Ich bin Geschäftsführerin der Textakademie GmbH und des Institutes für Kreativitätstechniken. Und ich bin für die nächsten 30 Minuten Ihr Coach. Denn dieses Büchlein soll etwas von der Atmosphäre unserer Kreativseminare zu Ihnen bringen. Deshalb an dieser Stelle auch ein „Danke" an die vielen Teilnehmer, die mit Ihren Erfahrungen, Berichten und Ideen mitgeholfen haben, dass dieses Kurzseminar in Buchform für Sie entstanden ist. Es soll Ihnen wie die Seminare ganz praktisches Wissen vermitteln. Wissen, dass Sie gleich nach der Lektüre in Ihrem Alltag einsetzen können.

Lassen Sie uns gemeinsam mit der wichtigsten Frage anfangen: Was sind eigentlich Kreativitätstechniken?

Kreativitätstechniken sind zunächst einmal Werkzeuge für Ihr Gehirn. Ein Besen z. B. ist ein Werkzeug für Ihren Haushalt. Wenn Sie einen Besen haben, so sind Sie bei der Hausreinigung erheblich im Vorteil gegenüber denjenigen, die ohne Besen reinigen müssen. Nun haben wir in unserer Kultur zahlreiche Werkzeuge für alles Mögliche.

Doch wie sieht es mit Werkzeugen für unser Gehirn aus? Kreativitätstechniken sind solche Werkzeuge für Ihr Gehirn. Sie helfen Ihnen, Ihre Leistungsfähigkeit zu steigern, zusätzliche Fähigkeiten zu erlangen, einfach und schnell neue Ideen zu finden, innovativer zu arbeiten, Meetings effizienter zu gestalten und Besprechungen erfolgreicher zu führen.

 ### Ihre Gebrauchsanweisung für dieses Buch

Wir haben jetzt 30 Minuten gemeinsam. In dieser Zeit will ich Ihnen so viel Praxis wie möglich vermitteln: Nach dem Lesen kennen Sie 6 Kreativitätstechniken und können sie auch anwenden. Vorausgesetzt, Sie arbeiten gleich aktiv mit. Dieses Büchlein ist ähnlich wie ein Workshop aufgebaut und hat einen Praxis- und einen Theorieteil. Sie können gleich loslegen. Symbole helfen Ihnen, Praxis von Hintergrundwissen zu unterscheiden.

Hier noch ein paar Tipps, wie Sie am effizientesten Ihr Gehirn darin unterstützen, das Gelesene zu verstehen und zu behalten. Sie wissen sicher aus eigener Erfahrung, dass man leichter lernt, wenn man ein Thema „miterlebt". Nun können Sie mich beim Lesen, anders als im Seminar, weder hören noch aktiv erleben. Doch

Sie können an vielen Stellen aktiv mitarbeiten. Denn konkrete Aufgabenstellungen helfen, das Gelesene sofort umzusetzen.

Sie brauchen dafür nur Papier und Stift. Mein Tipp: Nehmen Sie am besten 4 unterschiedliche Farben und farbige Haftmarker (Post-its) zur Hand. Zu vielen Übungen finden Sie Formblätter. Auf unserer Homepage *www.textakademie.de* unter dem Menüpunkt Kreativitätstechniken sind viele Unterlagen dieses Buches noch einmal im gängigen Din A4 Format für Sie vorbereitet. Einfach herunterladen, dann haben Sie gleich eine professionelle Vorlage für Ihre eigene Kreativitätssitzung.

Noch ein wichtiger Tipp zum Schluss:

Dieses Buch ist zweifarbig gedruckt. Da Ihre rechte, bildhafte Gehirnhälfte aber noch aufmerksamer ist, wenn sie vier Farben sieht, empfehle ich Ihnen, die Symbole dieses Büchleins farbig auszumalen. Sie werden sehen, dass Sie so viel schneller und besser lernen. Schreiben und zeichnen Sie ruhig in Ihr Buch hinein und notieren Sie sich Ideen, Fragen und Notizen.

Auf manchen Seiten finden Sie Tipps, die noch einmal besonders hervorgehoben sind. Diese Tipps helfen Ihnen, noch besser zu lernen. Haben Sie keine Sorge, dass Sie damit überfordert oder gestresst werden. Das Gegenteil ist der Fall. Ihr Gehirn freut sich darüber, arbeiten und produktiv sein zu dürfen. Ich wünsche Ihnen viel Spaß mit Ihren 30 Minuten für Kreativitätstechniken.

Ihre Claudia Maria Bayerl

Wichtiges über Kreativitäts-
technik

Wie schaffe ich einen Schutzraum
für Ideen?

Wie lauten die drei goldenen
Regeln?

Was sind Kreativitätstechniken?

Gute Ideen sind kein Zufall

Schaffen Sie einen Schutzraum für Ihre Ideen

Bestimmt kennen Sie das auch: Sie sitzen mit Ihrem Team in einer Besprechung. Ihre Aufgabenstellung lautet beispielsweise: „Bringen Sie Lösungen, wie man den Umsatz steigert oder wie man die Responsequote des letzten Mailings erhöht". Vielleicht lautet Ihre Frage aber auch: „Wie gewinnen Sie mehr Abonnenten oder Kunden?" Aus dem Privatbereich könnte die Aufgabenstellung lauten: „Wie bauen wir das Haus um? Was können wir tun, damit die Kinder in der Schule besser werden? Wie planen wir das nächste Fest?"

Egal vor welchen beruflichen und privaten Herausforderungen Sie und Ihr Team auch stehen: Es ist nicht leicht, alle auf einen Nenner zu bringen. Äußert man eine Idee, wird diese oft angegriffen. Wir nennen solche Angriffe „Killerphrasen". Auch Sie kennen bestimmt Reaktionen wie: „Das hatten wir schon mal." „Das funktioniert sowieso nicht." „Das ist viel zu teuer." Diese Killerphrasen sind der Tod für jede kreative Idee.

Mit Kreativitätstechniken erreichen Sie schnell und einfach Ihr gesetztes Ziel. Das Einzige, was dabei zählt, ist Ihr Gehirn und dass es sich so gut wie möglich entfalten kann. Sie haben klare Regeln und schaffen dadurch einen Schutzraum für Ihre kreativen Ideen und Ihr Gehirn. Diese Regeln müssen unter allen Umständen eingehalten werden.

Die drei goldenen Regeln der Kreativitätstechniken

Regel Nr. 1: Keine Kritik

Streng verboten ist Kritik während der Ideensammlung. Und nicht nur die Kritik um der Kritik willen, sondern auch die ver-

meintlich „konstruktive" Kritik. Wer seine Idee präsentiert, wird von A bis Z gehört. Weder beim „M" noch beim „Y" darf man unterbrechen. Auch ein Chef darf das nicht. Nur wenn dieser Rahmen geschaffen ist, wird ein jeder wagen, kreativ zu denken und sein Ergebnis mitzuteilen. Und oft entstehen die besten Ideen ja nicht auf dem Papier, sondern entwickeln sich während eines offenen Gespräches.

Regel Nr. 2: Keine Hierarchie

Alle sind gleich. Mit anderen Worten: In der Ideenfabrik gibt es keine Hierarchie. Kreativität hat keine Vorurteile. In jedem von Ihnen kann eine zündende Idee entflammen. Gibt es keine hierarchische Struktur im Unternehmen, definiert sich das Team als solches. Teamgeist entsteht. Das Ziel steht an vorderster Stelle – nicht die Meinung eines Vorgesetzten. Persönliche Befindlichkeiten treten in den Hintergrund und auch der ungeliebte Kollege wird gleichwertiger Ideenlieferant. Vielleicht hat gerade er die Idee, die dem Unternehmen Geld spart und Arbeitsplätze sichert.

Der Moderator sorgt dafür, dass die Regeln auch eingehalten werden. Er führt das Team zum Ziel. Er selbst bringt allerdings keine einzige kreative Idee ein und ist somit auch nicht Mitglied des Teams.

Regel Nr. 3: Quantität vor Qualität

Viel ist mehr! Viele Ideen sind besser als wenige Ideen. Denn wer sein Gehirn nur auf die Suche nach der besten, einzig wahren Idee schickt, setzt sich unter enormen Leistungsdruck. Wer hingegen die Einfälle aufnimmt wie sie kommen, hat gute Chancen, unter den vielen und zahlreichen Geistesblitzen die „gute" Idee zu finden.

Kreativitätstechniken sind Werkzeuge fürs Gehirn

Was Hammer, Zange und Schraubenzieher gemeinsam haben, weiß jeder. Es sind Werkzeuge. Hilfsmittel für Arbeiten in Haus und Hof. Aber was haben ein Glas Wasser, bunte Stifte und ein leeres Blatt Papier gemeinsam? Auch hier handelt es sich um Werkzeuge - Werkzeuge fürs Gehirn.

Täglich strömt eine Unmenge von Informationen auf uns ein. Gerade einmal 2 % dieser Eindrücke dringen überhaupt zu unserem Gehirn vor. Sogar die Dinge, die wir uns merken wollen, vergessen wir. Doch glücklicherweise gibt es einige Werkzeuge, welche die Fähigkeiten Ihres Gehirns optimieren.

Kreativitätstechniken sind Werkzeuge, mit denen Sie Ihre Gehirnkapazitäten effektiver nutzen können. Sie sind unser geistiger Werkzeugkasten, der Ihre Kreativität und Ihr Denken fordert und fördert. Und je mehr Rüstzeug sich in diesem Kasten befindet, desto produktiver arbeiten Sie. Wie Sie die Werkzeuge richtig einsetzen, lernen Sie in diesem Kapitel.

Nützliche Werkzeuge für Ihren Einstieg in Kreativitätstechniken

Erst wenn die drei goldenen Grundregeln verinnerlicht sind, kann sich der Geist kreativ entfalten. Es eignet sich aber nicht jede Technik für jedes Problem. Auch kann nicht jeder mit jeder Technik gleich gut arbeiten. Ähnlich wie der Werkzeugkasten im Bauschrank bietet auch der Werkzeugkasten im Gehirn mehr als ein Zubehör. Einige nützliche Werkzeuge und wofür Sie sie verwenden können, stellen wir Ihnen an dieser Stelle vor.

Bunte Stifte helfen Ihnen, Ihre Aufmerksamkeit zu steigern. Arbeiten Sie mit mindestens vier Farben, da unsere rechte Gehirnhälfte auf Farben reagiert, so sind beide Gehirnhälften aktiv und Sie arbeiten effizienter. Wir empfehlen Ihnen Stifte der Marke Stabilo in den Farben rot, grün, blau und schwarz.

Wasser versorgt unser Gehirn mit Nahrung. Vor allem bei harter geistiger Arbeit ist es wichtig, viel zu trinken. Schließlich besteht unser Gehirn zu ca. 80% aus Wasser. Wasser ist wichtig für Ihre Konzentration und Leistungsfähigkeit.

Post-its: Sinnvoll ist es auch, mit den bunten kleinen Haftmarkern zu arbeiten. Sie aktivieren ebenfalls die rechte Gehirnhälfte und steigern so Ihre Merkfähigkeit.

Bild: Unser Gehirn besteht aus einer rechten und einer linken Hälfte. Während sich die linke Hälfte mit allen Belangen der Logik befasst, beschäftigt sich die rechte Hälfte hauptsächlich mit Bildern. Ein Bild merkt man sich folglich besser als ein bildleeres Passwort oder einen unlogischen Zahlen-Code. Wichtige Informationen sollten somit auch in die rechte Gehirn-Schublade eingeordnet werden. Deswegen ist Lernen mit Bildern effektiver. „Ein Bild sagt mehr als tausend Worte."

Der Aufbau von Kreativitätstechniken

Die meisten Kreativitätstechniken bestehen aus zwei Teilen: der Ideenfindung und der Ideenbewertung.

Ideenfindung: Nehmen Sie sich zur Ideenfindung ca. 20 bis 30 Minuten Zeit. Erfahrungsgemäß knickt nach ca. 5 bis 12

Minuten die Leistungskurve ein. Es scheint, als würde der Ideenfluss abreißen. Beenden Sie Ihre Technik hier noch nicht! Warten Sie die Pause ab, wiederholen Sie noch einmal die Aufgabenstellung. Sie sehen, die Ideen sprudeln nach wenigen Augenblicken von neuem.

Ideenbewertung: Für die Ideenbewertung kalkulieren Sie ca. 40 bis 60 Minuten Zeit. Gehen Sie Ihre Ideen gemäß der Technik noch einmal durch.

Der **Moderator** leitet und führt das Team durch die Technik. Er selbst bringt unter gar keinen Umständen Ideen ein. Das **Team** sollte aus vier bis acht Personen bestehen. Achten Sie darauf, dass Sie mindestens einen Laien, einen Experten, eine Frau und einen Mann dabei haben. Der Moderator zählt nicht zum Team, da er selbst keine Ideen einbringen darf. Er leitet lediglich die Sitzung und achtet darauf, dass die Regeln eingehalten werden. Der Moderator hat ständig das Ziel vor Augen und sorgt dafür, dass die Gehirne der Teilnehmer optimal arbeiten.

- *Für die Produktion neuer Ideen gilt: Es gibt keine dummen Ideen. Alles ist zulässig, deshalb hüten Sie sich vor Killerphrasen. Die Ideen-Bewertung folgt in einer späteren Phase einer Kreativsitzung.*
- *Halten Sie sich an die drei goldenen Regeln der Kreativitätstechniken:*
  Keine Kritik! Keine Hierarchie! Quantität vor Qualität!
  Viel ist mehr! Denn die Jagd nach der einen, genialen Idee blockiert. Deshalb sammeln Sie möglichst viele Ideen.

1. Das Mind Mapping

> **Wie Sie mit dem „Spiegel des Denkens" schnell zum Ziel kommen!**
> Ein Muss für jeden, der sein Gehirn effizient einsetzen will. Diese Kreativitätstechnik spart rund die Hälfte der Zeit, wenn es darum geht, Konzepte, Strategien und Pläne übersichtlich zu Papier zu bringen.

Der Engländer Tony Buzan entwickelte diese gehirn-
gerechte Denk- und Arbeitstechnik in den 70er Jahren.
Das Mind Mapping, der „Spiegel des Denkens", basiert
auf den Erkenntnissen der Gehirnforschung und dem
Wissen um die Aufgabenteilung zwischen den beiden
Hemisphären des Großhirns. So können Sie Gedanken
aller Art methodisch festhalten.

Wie funktioniert das menschliche Gehirn?

Warum ein Mind Map effektiver ist? Lassen Sie uns
dazu einen Blick in das menschliche Gehirn werfen.

Unser Großhirn ist in zwei Hälften unterteilt. Die linke
Seite ist für analytisches Denken, Logik und Sprache
verantwortlich. Die rechte Hälfte beschäftigt sich mit
Fantasie, Farbe, Form und Bildern. Die meisten Denk-
prozesse finden in unserer linken Gehirnhälfte statt. Da
ein Mind Map einem Bild entspricht, regt es auch die
rechte Gehirnhälfte an. So steht Ihnen die doppelte
Kapazität für Ihre Arbeit zur Verfügung!

Schlüsselwörter

Das Gehirn speichert Informationen in Schlüsselwörtern. Neue Informationen werden nicht in ganzen

Sätzen, sondern in Schlüsselwörtern (auch Schlagwörter genannt) mit schon bestehendem Wissen verknüpft. Auf diese Weise entsteht ein Netzwerk in Ihrem Hirn. Wenn Sie Ihr Gehirn jetzt fragen, was ihm zu diesem Thema einfällt, gibt es Ihnen blitzschnell eine Antwort.

Warum? Nicht nur, weil die Frage einfach ist, sondern auch, weil Ihr Gehirn genau so die Informationen abgespeichert hat. In Ihrem Gehirn ist jedes Schlüsselwort mit einer Reihe von anderen Schlüsselwörtern verknüpft. Es besteht aus sogenannten Gedächtnisnetzen, die aufeinander liegen. Aktuelle und relevante Informationen werden auf der obersten Netzschicht abgelegt. Älteres Wissen sinkt in die unteren Schichten und ist nicht sofort verfügbar. Fragen Sie nun nach einem Schlüsselwort wie beim Mind Mapping, erinnern Sie sich an Dinge, die schon weit zurückliegen und als vergessen galten.

So ist es leicht zu verstehen, dass wir sehr einfach und schnell diese Verknüpfungen abfragen können. Quälen Sie Ihr Gehirn nicht länger mit komplexen Aufgabenstellungen. Machen Sie es sich leichter. Fragen Sie Informationen so ab, wie Ihr Gehirn diese abgespeichert hat.

Mind Map stellt gezielte Fragen an Ihr Gehirn, wodurch auch die unteren Gedächtnisschichten angeregt werden. So arbeiten Sie gehirngerecht. Ihnen fallen Dinge ein, auf die Sie ohne Mind Mapping nie gekommen wären. Und ich verspreche Ihnen: Sie sitzen nie wieder vor einem leeren Blatt Papier.

1.1 Die Bildersprache

Der Mensch verständigt sich zunächst über Bilder. Im Laufe seiner Entwicklung lernt er dann, Gedankenbilder in Worte zu fassen. Deswegen müssen wir uns wieder mühsam darauf besinnen, unsere Worte in Gedankenbilder zurück zu verwandeln.

Um Ihr visuelles Denken zu beflügeln, verwenden Sie so viele Bilder wie möglich.

1.2 Nutzen des Mind Mapping

Sie können alle Ihre Termine, Aufgaben und Projekte besser koordinieren.

- Sie bekommen spielend schnell einen Überblick über jedes Thema.
- Sie sparen 50 Prozent Ihrer Zeit.
- Sie sitzen nie mehr vor einem leeren Blatt Papier.
- Auch ungeliebte Themen gehen Ihnen schnell von der Hand.
- Sie organisieren sich blitzschnell selbst.

Mind Mapping – ganz einfach!
Das Erlernen dieser Methode ist kinderleicht. Beim Mind Mapping schreiben Sie einfach alles auf, was Ihr Gehirn zu dem jeweiligen Schlüsselwort gespeichert hat. Stellen Sie sich das Mind Mapping als Baum vor: Auch hier gibt es Stamm, Hauptäste, Zweige und Nebenzweige.

1.3 Die Grundregeln des Mind Mapping

1. Verwenden Sie ein großes Blatt.
2. Setzen Sie das Haupt-Thema in die Blattmitte.
3. Benutzen Sie Schlagworte, keine ganzen Sätze.
4. Setzen Sie jeden Begriff auf eine Linie.
5. Schreiben Sie immer nur ein Schlagwort auf eine Linie.
6. Arbeiten Sie mit Farben, Bildern und Symbolen.
7. Schreiben Sie lesbar.
8. Zeichnen Sie die Linien immer waagerecht – nie sternförmig!
9. Fragen Sie sich, ob es einen Überbegriff gibt.

Noch ein Tipp zu Punkt 9:
Bei der Planung Ihrer Party fällt Ihnen der Begriff „Rotwein" ein. Fragen Sie sich, zu welchem Überbegriff er gehört: Zu „Wein" und folglich zu „Getränke". Schreiben Sie zuerst „Getränke", verzweigen Sie zu „Wein" und dann zu „Rotwein".

Sie erkennen jetzt schon den Vorteil: Sie können Ihr Gehirn bei allen Unterbegriffen weiter abfragen. Beachten Sie dabei, sich nicht zu sehr unter Druck zu setzen. Sollte Ihnen kein Überbegriff einfallen, schreiben Sie einfach den Begriff hin.

Wichtig ist, dass Sie das Mind Mapping anfangs häufig üben. Am Besten fangen Sie mit einfachen Mind Maps an. Zum Beispiel mit Einkaufszetteln, der Urlaubsplanung oder mit der täglichen „To-do-Liste".

Üben Sie doch gleich mal mit!
Nehmen Sie sich ein großes Blatt Papier und Ihre Stifte und schon geht's los. Ihr Thema schreiben Sie in die Mitte des Blattes. Zum Üben nehmen Sie ein einfaches Thema, zum Beispiel den Plan für eine Feier. Notieren Sie jetzt waagerecht alle Punkte, die Ihnen spontan einfallen, wie etwa „Gäste", „Bewirtung", „Räumlichkeiten" oder „Unterhaltung".
Fällt Ihnen der Begriff „Wein" ein, hängen Sie diesen unter den Ast „Bewirtung". Überlegen Sie immer vorher, zu welchem Oberbegriff Ihr neues Wort passen könnte. „Wein" könnte beispielsweise zu „Getränke" und dort zum Ast „alkoholische Getränke" gehören.
So arbeiten Sie sich gleichsam von Ast zu Ast – und zwar immer vom Allgemeinen zum Speziellen. Sie können die Äste beliebig erweitern und springen. Nutzen Sie dazu Symbole, Pfeile und Farben. Grundsätzlich gilt: Schreiben Sie alles auf, was Ihnen einfällt. Sie werden sehen, dass Ihre Gedanken-Landkarte enorm schnell wächst! Fällt Ihnen gerade nichts ein, dann fragen Sie Ihr Gehirn einfach: „Was fällt dir zu **diesem Begriff** ein?" Und so können Sie Ihr Gehirn von Schlagwort zu Schlagwort weiter abfragen.
Jedes Mind Map ist anders, denn Ihr Gehirn speichert Informationen individuell ab. Ihre Mind Map ist Ihre Gedächtnislandkarte, und ist deshalb oft erklärungsbedürftig. Besonders dann, wenn jemand die Mind-Map-Technik nicht kennt.

Legen Sie einfach los! Schreiben Sie Ihr Thema in die Blattmitte und nach kürzester Zeit sprudeln die Ideen aus Ihnen heraus.

Vergessen Sie nicht, Ihre Schlüsselwörter immer auf Linien zu schreiben. So nimmt Ihr Gehirn auch diesen Begriff als neue Aufgabenstellung wahr und hängt neue Schlüsselwörter darunter an.

Ich garantiere Ihnen: Wenn Sie erst einmal ein paar Mind Maps ausprobiert haben, werden Sie diese Technik nicht mehr missen wollen. Viele meiner Seminarteilnehmer schreiben mir: „Ich kann ohne Mind Map nicht mehr leben." Oder: „Danke, ich spare mir jetzt 50% meiner Zeit und erreiche das Doppelte." Ich bin mir sicher, Sie werden ähnliche Erfahrungen machen. Fangen Sie gleich heute an!

1.4 Nachteile eines handschriftlichen Mind Map

- Das Blatt ist rasch gefüllt und schnell zu klein.
- Ein nachträgliches Verschieben und Verändern ist schwierig.
- Das Mind Map kann schnell unübersichtlich wirken.
- Es eignet sich nicht für Präsentationen im Team.

 Aufgrund dieser Nachteile greifen viele Mind-Map-Nutzer auf eine entsprechende PC-Software zurück. Spätestens nach der erfolgreichen Etablierung der Software-Variante hielt das Mind Mapping Einzug in die Business-Etagen. Mittlerweile wird in vielen Unternehmen die gesamte Planung per Mind Map erstellt – kein Wunder, denn diese Kreativitätstechnik ist ebenso einfach wie effizient. Führende Sofware ist der Mind Manager von der **Firma Mindjet GmbH**. Hier haben

Sie Platz, so viel Sie wollen, können schnell Verknüpfungen und neue Unterpunkte ergänzen. Laden Sie sich einfach eine kostenlose Testversionen unter **www.mindjet.de** herunter und probieren Sie es aus.

Schüler und Studenten profitieren vom Mind Mapping: Die Erfahrung zeigt, dass Schüler und Studenten, die mit Mind Mapping lernen und arbeiten, ihre Leistungsfähigkeit erheblich steigern. Selbst Kinder mit Lernschwäche erzielen plötzlich hervorragende Noten. Der Grund: Durch das Mind Mapping werden rechte und linke Gehirnhälfte optimal miteinander verknüpft. So lernt man schneller und kann sich das Erlernte besser merken.

Zu Ihrer Aufgabe „Wie organisiere ich ein Fest?" finden Sie auf den nächsten Seiten ein handschriftliches und ein digitales Mind Map, erstellt mit der Software Mindjet.

Für viele bedeutet das Thema „Bauen" eine der größten Herausforderungen des Lebens. Wie dieses komplexe Thema mit einem Mind Map überschaubar wird, zeigt das Mind Map auf der folgenden Seite.

Aufgabenbeispiele:
Damit Ihnen der Einstieg ins Mind Mapping leichter fällt, habe ich Ihnen einige Aufgabenbeispiele zusammengestellt.
Privat: Urlaubsplanung, Einkaufszettel, Organisation des Haushalts, Planung der Ausgaben und Budgets.
Schule/Universität: Lernvorbereitung/ Studienorganisa-

tion, Klausurvorbereitung, Hausaufgabenübersicht, Themenübersicht, Lernübersicht, Protokoll des jeweiligen Faches, tägliche To-Do-Liste.

Berufsleben: Planung eines Betriebsausflugs, Übersicht Mitarbeiter-Aufgaben, Mitarbeiter-Motivationsmodell.

Mein Tipp: Machen Sie sich jeden Tag eine To-do-Liste mit Mind Map. Sie brauchen nur max. 5 Minuten dafür und strukturieren so Ihren Tag vorab mit einem Fahrplan für beide Gehirnhälften. So sparen Sie sich viel Zeit, sind leistungsfähiger und kommen auch auf Themen, vor denen man sich gerne „drückt". Denn Ihr Gehirn nennt Ihnen schonungslos alles, was zu tun ist. Auch das, was Sie gerne beiseite schieben. Und es verrät Ihnen auch gleich, was Sie tun müssen, um die Aufgabe abzuarbeiten. Denn es nennt Ihnen viele Schlüsselwörter, die Ihre Aufgabe übersichtlich in Häppchen aufteilt. In einem Mind Map werden auch Mühlsteine federleicht. Probieren Sie es aus, Sie werden begeistert sein!

- *Beim Mind Mapping schreiben Sie das Hauptschlagwort in die Bildmitte. Rundherum notieren Sie auf Linien alle Ihre Gedanken, geordnet nach Überbegriffen. Für jeden Unterbegriff zweigen nun neue Äste ab.*
- *Mit der Mind Mapping Technik sind Sie deutlich effektiver. Sie sparen 50 % Ihrer Zeit und sitzen nie wieder vor einem leeren Blatt Papier. Selbst ungeliebte Themen werden Ihnen schnell von der Hand gehen.*

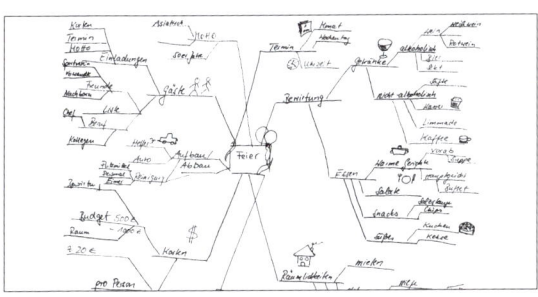

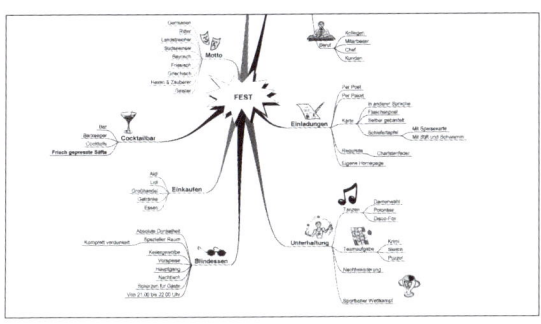

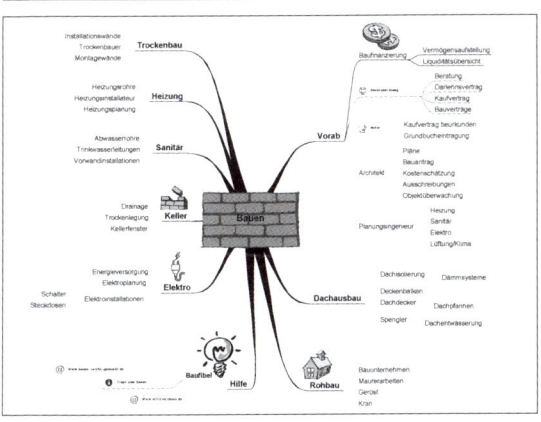

2. Das Brainwriting

Wie Sie 108 Ideen in 30 Minuten erhalten!
Das Brainwriting ist eine Variante des Brainstorming.
Diese Kreativitätstechnik entwickelte Alex F. Osborne
1953 in den USA. Beim Brainwriting lassen Sie Ihr
Gehirn ebenso wie beim Brainstorming intensiv nach
neuen Ideen suchen.

Lassen Sie mich Ihnen die Technik anhand eines Bei-
spiels aus meinem Seminar erklären: Einer der Teilnehmer suchte händeringend nach einer neuen Idee, um
die Besucherzahlen im Zoo zu erhöhen. Die Frage
lautete: Welche Idee erzielt genügend Aufmerksamkeit
und Interesse, um mehr Besucher in den Zoo zu locken?
Eine Möglichkeit, Ideen zu entwickeln, ist das so
genannte Brainwriting 6-3-5. Entscheidend für den
Erfolg eines Brainwritings sind ganz klare Spielregeln.
Darüber, dass diese eingehalten werden, wacht ein
Moderator.

2.1 Die Grundregeln des Brainwriting 6-3-5

Die Grundregeln des Brainwriting 6-3-5 werden Ihnen
bekannt vorkommen, denn sie entsprechen weitgehend
den Goldenen Regeln, die für alle Kreativitätstechniken
gelten:

1. Sorgen Sie für eine Ideenfindung ohne Bewertung -
   äußern Sie keinerlei Kritik an den Ideen anderer!
2. Seien Sie offen und bereit, die Ideen anderer weiter-
   zuentwickeln!

3. Lassen Sie Ihrer Fantasie freien Lauf!
4. Neue Ideen brauchen neue Wege und Anstöße!
5. Quantität vor Qualität. Es gibt keine schlechten Ideen. „Schlecht" ist es nur, eine Idee nicht zu äußern!

2.2 Die Methode des Brainwriting 6-3-5

Die Technik heißt 6-3-5, weil 6 Teilnehmer jeweils 3 Ideen in 5 Minuten finden. Um diese Ideen schriftlich festzuhalten, verwenden Sie am besten ein Formblatt. Für diese Kreativitätstechnik benötigen Sie also zunächst einmal weitere Personen, die an der Brainwriting-Runde teilnehmen. Natürlich kann die Anzahl der Beteiligten variieren. Sechs Personen ist keine zwingend vorgeschriebene Teilnehmerzahl. Sie benötigen aber mindestens zwei Partner. Generell funktioniert diese Technik jedoch am besten zu sechst.

2.3 Der Nutzen des Brainwriting 6-3-5

Ziel ist es, zu einem vorgegebenen Thema gleich eine ganze Reihe von Ideen oder Lösungsmöglichkeiten zu finden - und zwar völlig frei von Zwängen! Gerade die Probleme, die häufig bei traditionellen Konferenzen auftreten, werden mit dieser Kreativitätstechnik vermieden. Denn das Brainwriting 6-3-5 läuft nach Spielregeln ab, die Barrieren abbauen und kreatives Denken fördern. Brainwriting ist also eine Gruppenaktivität ohne die üblichen gruppendynamischen Zwänge.

Üben Sie einfach gleich mit!
Die Aufgabenstellung lautet nach wie vor:

> **„Wie bekommt man mehr Besucher in den Zoo?"**
>
> - Setzen Sie sich an einen runden oder U-förmigen Tisch und sorgen Sie dafür, dass jeder Teilnehmer ein Formblatt vor sich liegen hat.
> - Jeder schreibt nun jeweils eine Idee in die drei freien Kästchen in der ersten Zeile des Formblattes. Dafür haben Sie fünf Minuten Zeit.
> - Geben Sie anschließend Ihr Blatt jeweils an Ihren linken Nachbarn weiter. Jeder Teilnehmer der Runde hat nun ein neues Blatt vor sich, auf dem sein Tischnachbar bereits drei Ideen notiert hat.
> - Lesen Sie sich die Ideen Ihres Nachbarn durch. Versuchen Sie, diese weiterzuentwickeln oder als Anregung für neue Ideen zu verwenden. So entstehen drei weitere Ideen. Schreiben Sie sie in die nächste Zeile.
>
> **Wichtig ist:** Die Ideen dürfen sich nicht wiederholen! Schreiben Sie nicht noch einmal, was Sie oder Ihr Nachbar zuvor geschrieben haben. Fällt Ihnen zu den vorgegebenen Ideen partout nichts ein, schreiben Sie eine neue Idee auf.
>
> - Nach weiteren fünf Minuten reichen Sie die Zettel wieder an Ihren linken Nachbarn weiter. Dies setzen Sie solange fort, bis jeder Teilnehmer jedes der sechs Blätter beschrieben hat. Somit hat jeder 18 Ideen (6 x 3) geliefert und folglich sind insgesamt 108 (18 x 6) Ideen zusammengekommen.

Für diese 108 Ideen haben Sie gerade einmal 30 Minuten gebraucht (sechs Runden à fünf Minuten)! Halten

Sie nach Möglichkeit den Fünf-Minuten-Rhythmus ein. Denn die Teilnehmer reagieren erfahrungsgemäß ganz unterschiedlich. Einige brauchen am Anfang länger, bis ihnen etwas einfällt. Doch dafür sprudeln die Ideen am Ende. Bei anderen ist es genau umgekehrt.

Eine Qualitätssteigerung der Ideen tritt häufig nach rund zwölf Minuten ein. Dann läuft das Gehirn auf Hochtouren.

 ## 2.4 Die Nachteile des Brainwriting 6-3-5

Auch wenn einige Teilnehmer schneller fertig sind, während andere die Zeit als zu kurz empfinden und sich unter Druck gesetzt fühlen: Bleiben Sie bei den fünf Minuten. Es sei denn, alle Teilnehmer sind eher fertig. Ebenfalls wichtig: Erklären Sie vorab genau die Regeln, sonst laufen Sie Gefahr, dass das Brainwriting chaotisch abläuft.

 ## 2.5 Die Auswertung des Brainwriting 6-3-5

Zu guter Letzt wählen Sie aus dieser Ideenvielfalt die besten Ideen aus. Bei dieser Bewertung geht es nicht mehr darum, welche Idee die Fantasievollste ist. Jetzt gilt es festzustellen, welche Idee Sie an das gesteckte Ziel bringt. Sie muss umsetzbar und erfolgreich sein. Für die Auswertung können Sie zum Beispiel ein Punktesystem anwenden. Befestigen Sie dafür alle beschriebenen Formblätter an einer großen Pinnwand. Jeder Teilnehmer erhält einen Streifen mit acht bis zehn abziehbaren Klebepunkten, die man im Papierwarengeschäft findet. Nun lesen sich alle Teilnehmer – am besten in einer längeren Pause – die unterschiedlichen Ideen durch. Anschließend kleben sie ihre Punkte auf die ihrer Meinung nach besten Ideen. Allerdings darf jede Person pro Idee nicht mehr als drei Punkte vergeben. Sie bewerten jede Idee entweder mit 0, 1, 2 oder maximal 3 Punkten.

Am Schluss kommen die Ideen mit den meisten Punkten in die engere Wahl. Anschließend können Sie mit einer anderen Kreativitätstechnik, zum Beispiel den Sechs Denkhüten (s. Kap.6), die besten Ideen auf Herz und Nieren prüfen. Oder Sie entscheiden über den Ideenfavoriten alleine und nutzen die Vorschläge nur als Ideenquelle.

Zu Ihrer Aufgabe:

Im Folgenden sehen Sie ein ausgefülltes Formblatt zu der oben genannten Fragestellung: „Mit welcher Idee erhöhe ich die Besucherzahlen des Zoos?"

Aufgabenbeispiele:

Damit Ihnen der Einstieg ins Brainwriting leichter fällt, habe ich Ihnen einige Aufgabenbeispiele zusammengestellt.

Privat: Mottosuche für Feiern; Was kann ich tun, um: abzunehmen, schneller den Haushalt zu erledigen, gute Nachbarschaftskontakte zu haben, den Partner fürs Leben zu finden, etc. Was machen wir: in den Ferien, am Wandertag, am Wochenende, für Geschenke.

Schule/Universität: Thema; Hausaufgabe, Aufsatz, Diplomarbeit, Klausur.

Berufsleben: Wie ändern wir unsere Verpackung. Was können wir tun: um mehr Leute in den Laden, auf die Messe, zum Event, auf die Homepage zu bekommen. Was können wir tun um das Betriebsklima/Kommunikation zu verbessern. Mailingthema …

 Wichtig:
Vorlage zum Brainwirting unter www.textakademie.de

- *Das Brainwriting 635 braucht klare Regeln und ein Formblatt. So entstehen innerhalb von 30 Minuten 108 Ideen. 6 Teilnehmer schreiben 3 Ideen in jeweils 5 Minuten in das Formblatt auf. Anschließend geben Sie dieses an den Nachbarn weiter. Der entwickelt die Idee in den nächsten 5 Minuten weiter.*
- *Bewerten Sie anschließend die besten Vorschläge mit dem Punktesystem.*

Die Aufgabe / Das Problem / 635 Technik

....

Die Aufgabe / Das Problem / 635 Technik

Wie locken wir mehr Besucher in den Zoo?

Nachtveranstalt. im Zoo	Familientage mit verbilligten Eintritt	Tierpatenschaften
- Fackelwanderung - Beobachten der nachtaktiven Tiere	Jedoch – wer vor 10⁰⁰ kommt zahlt die Hälfte – oder wer vor 10⁰⁰ kommt bekommt eine Freikarse etc ...	neue exotische Tiere zeigen
- Campen im Zoo um die Geräusche der Nacht zu erleben	vergünstigte Angebote im Winter	Abstimmungen, z.B. im Internet: Welches Tier soll noch ausgestellt in den Zoo?
nächtliche Zoosafari	Wochenendkombis z.B. Sa & So mit Preis von einem Tag	Internet-User stimmen auch über die Gestaltung der Gehege mit ab
Streichelzoo für Kinder	mehr Freigehege	aktuelle Themen stärker bewerben z.B. Tierbaby Tiernachwuchs etc.
Gewinnspiele in lokalen Zeitungen freier Eintritt als Preis	Geburtstagskinder freien Eintritt gewähren	öfters öffentliche Fütterungen

3. Die Flip-Flop-Technik

Wie Sie mit dem Umkehrschluss zu mehr Umsatz gelangen!

Neue und verkaufsstarke Ideen sind der Motor für Ihren Umsatz. Heute muss man mehr, oder besser gesagt, etwas „Neues" für seinen Erfolg tun. Wer mit alten Methoden das Interesse des Käufers wecken will, wird enttäuscht.

3.1 Die Flip-Flop-Technik: So einfach wie wirkungsvoll

Die Flip-Flop-Technik – auch Kopfstandtechnik oder Umkehrtechnik genannt – basiert auf der Fähigkeit des Menschen, Negatives schnell zu erkennen. Und so nehmen Sie noch heute bei Ihrem Gegenüber zuallererst den Fleck auf der Krawatte oder die Laufmasche wahr. Der Rechtschreibfehler bei einem fremden Mailing springt Sie förmlich an.

Warum ist das so? Weil unser Gehirn Negatives vor Positivem wahrnimmt. Wir sind Experten darin, das Schlechte zu sehen. Selbst bei den Meetings, in denen gar keine Ideen mehr sprießen wollen, in denen Brainstorming versagt und man sich gar nichts mehr zu sagen hat, bewirkt die Flip-Flop-Technik wahre Wunder. Sobald Sie Ihr Gehirn nach Negativem fragen, freut es sich und wird aktiv. Wenn nichts mehr geht, funktioniert die Flip-Flop-Technik immer noch. Probieren Sie es einfach gleich mit aus. Sie werden sehen, wie Ihre Ideen selbst bei einer für Sie fremden Aufgabenstellung sprudeln!

3.2 Die Methode der Flip-Flop-Technik

Die Methode ist ganz simpel: Suchen Sie einfach immer genau nach dem Gegenteil dessen, was Sie eigentlich erreichen möchten. Nehmen wir einmal an, Sie möchten Ihren Umsatz steigern – dann lautet die Aufgabenstellung:

> „Was muss ich tun, damit mein Umsatz zurückgeht?"

Selbstverständlich müssen Sie aber auch bei der Ideenfindung mit Hilfe der Flip-Flop-Technik einige Grundregeln beachten:

1. Kritik zurückhalten: Die eingebrachten Ideen werden weder kommentiert noch kritisiert.
2. Keine Hierarchie: Alle Beteiligten sind absolut gleichberechtigt.
3. Quantität vor Qualität: Es gibt keine schlechten Ideen. In einer Vielzahl an Ideen sind die guten automatisch enthalten.

Auch bei der Flip-Flop-Technik sollte ein Moderator auf die Einhaltung der Regeln achten und sie vorher noch einmal deutlich ansprechen. Am wirksamsten ist es, wenn die Teilnehmer die oben genannten Regeln noch einmal gemeinsam wiederholen.

3.3 Der Ablauf der Flip-Flop-Sitzung

- Die ursprüngliche Aufgabenstellung: „Wie erhöhen wir den Umsatz in unserem Baumarkt?"

Vorab geben Sie jedem Teilnehmer alle verfügbaren Informationen zur Marktsituation.

- Die Aufgabenstellung in der Flip-Flop-Technik:
Bei dieser Methode lautet die Aufgabenstellung nun nicht mehr:

> „Wie erhöhen wir den Umsatz in unserem Baumarkt?"
> **Sondern:**
> „Was müssen wir tun, damit unser Umsatz zurückgeht?"

Machen Sie am Besten gleich mit!
Nehmen Sie sich einfach Papier und Stifte und schreiben Sie alles auf, was Ihnen dazu einfällt. Am besten gleich alles in das Formblatt in die linke Spalte eintragen.

> **Zum Beispiel:** „Keine Werbung, keine Kundenberatung, leere Regale, extrem hohe Preise, kein Kundenservice, unfreundliche Mitarbeiter, zu kurze Öffnungszeiten, altes Sortiment, keine Innovationen ..."

Im Team ruft jeder Teilnehmer dem Moderator seine Ideen zu. Achten Sie als Moderator darauf, dass Argumente und Ideen genannt werden und nicht nur eine Bemerkung wie „gar nichts".
Die Ideen schreiben Sie unkommentiert auf. Fragen Sie weiter: *„ Was müssen wir noch tun, damit unser Umsatz zurückgeht und wir unsere Kunden verlieren?"* Unter Umständen fordern Sie die Teilnehmer dazu auf, noch mehr ins Detail zu gehen. Der Moderator oder ein zusätzlicher Protokollführer hält die Ideen für alle sichtbar auf einem Overhead-Projektor oder auf einem

Flipchart fest. Nach etwa fünf bis zehn Minuten tritt erfahrungsgemäß eine Denkpause ein. Es kann passieren, dass dann niemandem mehr etwas einfällt.

Wichtig ist: Hören Sie jetzt nicht auf nachzufragen, selbst wenn Sie den Eindruck haben, dass bereits alles gesagt ist! Wiederholen Sie noch einmal die Aufgabenstellung. *„Was müssen wir tun, damit der Umsatz zurückgeht?"* Halten Sie die Pause aus – auch als Moderator. Sie werden sehen: Es dauert nicht lange und die Ideen sprudeln von Neuem. Jetzt kommen unter Umständen ganz andere Betrachtungsweisen und vielleicht auch detailliertere Ideen hinzu. Nach der nächsten Denkpause nach ca. 20 Minuten können Sie die Ideensammlung abschließen. Sie sollten jetzt mindestens 40 Ideen haben. Achten Sie bitte darauf, dass wirklich keine Idee kritisiert wird und dass Sie alles, was genannt wird, schriftlich festhalten.

Bei der Anwendung dieser Methode geht es häufig sehr lustig zu. Das Ziel des Moderators ist allerdings nicht, dass sich alle blendend amüsieren, sondern dass eine zwanglose Atmosphäre herrscht, damit die Gehirne uneingeschränkt arbeiten können. Denn: Stress wirkt sich negativ auf die Leistungsfähigkeit des Gehirns aus. Deshalb schafft eine Kreativitätssitzung ein stressfreies Umfeld.

3.4 Die Bewertung nach der Flip-Flop-Technik

Gehen Sie bei der Bewertung in zwei Schritten vor:

1. Schritt:

Bestimmen Sie die IST-Situation und besprechen Sie alle gesammelten Punkte. Hier kommt es zu verblüffenden Ergebnissen, denn Sie prüfen zuerst:

„Was von dieser Sammlung negativer Punkte ist bereits bei uns der Fall?"

Damit richten Sie die Aufmerksamkeit der Teilnehmer auf alle negativen Dinge, die sich im Alltag eingeschlichen haben, ohne dass jemand das bewusst wahrgenommen hat. Hier sind alle Fehler versteckt, mit denen man bereits aktiv Umsatz verhindert. Diese Punkte müssen sofort geändert werden!

2. Schritt:

Auf der SOLL-Ebene kehren Sie alle Negativargumente in positive Argumente um. So wird zum Beispiel aus dem Beitrag „unfreundliche Mitarbeiter „ im Umkehrschluss „den Kunden anlächeln, Kunden ansprechen, dem Kunden Tipps geben". Schreiben Sie alles auf, was genannt wird. Diese positiven Punkte setzen Sie ganz bewusst als Verstärker auf dem Weg zu Ihrem Ziel ein.

3.5   Das Ergebnis der Flip-Flop-Technik

Nach der Sitzung wissen alle Teilnehmer jetzt ganz genau, was zum Misserfolg der Aktion führt und was sie unbedingt vermeiden müssen. Der selbstkritische Aha-Effekt ist für viele Mitarbeiter eine viel heilsamere Erfahrung als die Ermahnung seitens höherer Hierarchieebenen. Sie haben mit Hilfe der Flip-Flop-Technik innerhalb kürzester Zeit eine umfangreiche Ideensammlung erstellt. Die IST-Argumente geben Ihnen Auskunft darüber, welche Umsatzkiller sich bei Ihnen bereits eingeschlichen haben. Bitte ändern Sie diese sofort. Die übrig gebliebenen SOLL-Argumente, die Ihnen jetzt als zusätzliche Umsatzverstärker dienen, setzen Sie nach Ihrer eigenen Priorität um.

 ## 3.6 Die Vorteile der Flip-Flop-Technik

- Eine Vielzahl von Ideen innerhalb kürzester Zeit.
- Durch die Suche nach Negativem besteht kein Erfolgszwang und kein Neid.
- Das Gehirn ruft die Ideen schnell ab, da Negatives vor Positivem gefordert ist.
- Es entsteht eine starke Teambildung (die Suche nach Negativem verbindet).
- Die Methode ist nahezu überall einsetzbar.
- Der selbstkritische Aha-Effekt bewirkt, dass die Teilnehmer eigene Fehler erkennen.

 ## 3.7 Die Risiken der Flip-Flop-Technik

- Brechen Sie die Ideensammlung nicht zu früh ab. Rund 20 Minuten sind nötig.
- Achten Sie darauf, dass das Team nicht zu ausgelassen wird und vom Thema abweicht.

Wenn Sie diese Regeln einhalten, werden Sie mit der Flip-Flop-Technik erstaunliche Erfolge erzielen!

Zu ihrer Aufgabe:
Nachfolgend sehen Sie ein ausgefülltes Formblatt zu der oben genannten Fragestellung: „*Wie erhöhen wir den Umsatz in unserem Baumarkt?*"

Aufgabenbeispiele: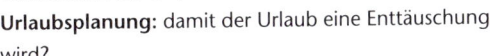
Was müssen wir tun,...
Urlaubsplanung: damit der Urlaub eine Enttäuschung wird?
Kindererziehung: damit die Kinder in der Schule schlecht sind?
Stressbewältigung: damit ich richtig gestresst bin?
Aufgabenstrukturierung: damit ich meine Aufgaben nicht erledigt bekomme?
Betriebsklima: damit das Betriebsklima/Kommunikation richtig schlecht ist?
Umsatz: damit unser Umsatz zurückgeht?
Internet: damit wir keine Besucher auf der Homepage haben? Damit wir nicht auf der Homepage verkaufen?
Wichtig:
Flip-Flop-Vorlagen finden Sie unter www.textakademie.de

- *Unser Gehirn nimmt Negatives vor Positivem wahr. Die Flip-Flop-Technik benutzt diese Tatsache bewusst. Suchen Sie einfach immer nach dem Gegenteil von dem, was Sie wollen. So finden Sie blitzschnell Ideen, wie Sie z.B. Kunden verlieren.*
- *Mit dem Zwei-Stufen-Modell verwandeln Sie dann sogar praktizierte Umsatzvernichter in Verstärker um.*

3. Die Flip-Flop-Technik

Seminar
Kreativitätstechniken

Fachdozentin
Claudia Bayerl

Flip-Flop-Technik

Aufgabenstellung:	I/ S	Ist / Soll

© Institut für Kreativitätstechniken
www.textakademie.de

Seminar
Kreativitätstechniken

Fachdozentin
Claudia Bayerl

Flip-Flop-Technik

Aufgabenstellung: Was müssen wir tun, damit d. Umsatz i. Baumarkt aurückgeht	F/S	Was müssen wir Ist/Soll tun damit der Umsatz steigt.
keine Werbung	F/S	ausreichend innovative Werbung, nicht nur lokal, sondern auch regional
keine Kunden-beratung/Kompetenz	S	· Fortbildungen für Mitarbeiter · zentrale Info-Stände in jeder Abteilung
leere Regale	F/S	Lager vergrößern, tägliche Kontrolle der Regale
extrem hohe Preise	S	Aktionen anbieten
kein Kunden-service	F/S	Kulanz erhöhen, Servicschalter durch-gehend besetzen
unfreundliche Mitarbeiter	S	Mitarbeiterschulung
zu kurze Öffnungs-zeiten	F/S	längere Öffnungszeiten, auch abends und samstags
altes Sortiment / keine Innovationen	F	regelmäßige Informationen von Verkäufern anfordern

Weitere Formvorlagen finden Sie unter: www.textakademie.de

4. Das Imaginäre Brainstorming

Welche Methode steckt dahinter?

Was müssen Sie beachten?

Wie kann man seine Ideen auswerten?

Wie Sie mit Außerirdischen Ihre Fantasie beflügeln!

Die Zeiten sind schwierig. Jeder ist heute für gute und verkaufsstarke Ideen dankbar. Doch oft stehen sich die kreativsten Köpfe dabei selbst im Weg. Meist sind es die gleichen Probleme, die uns am Vorwärtskommen hindern: zähe Phasen ohne Inspiration und eingefahrene Denkwege. Das muss nicht sein! Den Weg aus der kreativen Sackgasse eröffnet Ihnen zum Beispiel das Imaginäre Brainstorming.

Wie die meisten Kreativitätstechniken aktiviert auch das Imaginäre Brainstorming unsere versteckten innovativen Reserven. Besonders die linke Gehirnhälfte – die „analytische" – wird im Alltag stark beansprucht. Sie ist zum Beispiel für unsere Lese- und Schreibfähigkeit zuständig. Während die eine Hirnhälfte über einer Headline brütet, legt die andere, die rechte Seite, leider oft eine kreative Pause ein. Ein herber Verlust, denn sie ist, vereinfacht gesagt, für bildhaftes Denken, Emotionen und Intuition zuständig. Das Imaginäre Brainstorming ist eine Kreativitätstechnik, welche die Ressourcen der rechten Gehirnhälfte vorbildlich nutzt.

4.1 Die Methode des Imaginären Brainstorming

Setzen Sie Ihr Gehirn auf eine neue Spur! Vor allem bei vertrauten Denkprozessen und Problemen neigt unser Gehirn dazu, immer wieder die gewohnten, festgefahrenen Bahnen einzuschlagen. Genau an diesem Punkt setzt das Imaginäre Brainstorming an. Das Ziel dieser Kreativitätstechnik ist es, die Aufgabenstellung in eine Fantasie-Welt zu übertragen. Der Erfolg: Die gewohnten Bahnen werden verlassen, Blockaden überwunden. Das kreative Potenzial der rechten Gehirnhälfte wird dank der reichen Bilderwelt aktiviert.

4.2 Der Ablauf des Imaginären Brainstorming

Der erste Schritt: Schaffen Sie sich „neue Welten"!
Bei dieser Methode ersetzen die Teilnehmer das ursprüngliche Problem durch ein neues, abstrakteres Ersatzproblem wie folgt: Die Gruppe sucht Begriffe aus einer völlig anderen Welt, die an die Stelle der realen Komponenten gesetzt werden. Man verlagert also die Lösung in eine „Ersatzwelt" – und schließt damit die persönliche Betroffenheit aus.

Das kann zum Beispiel wie folgt aussehen:
Das Unternehmen Mingle GmbH möchte eine neue professionelle Adressenverwaltung einführen. Ihre Umsatzerfolge hängen direkt mit der zielgerichteten Kundenbetreuung zusammen. Jeder Kunden- und Interessentenkontakt soll künftig direkt in die neue Adressensoftware eingegeben werden. Die Geschäftsführung versucht nun, alle Mitarbeiter von dem neuen System zu überzeugen und sie entsprechend zu schulen. Jeder Mitarbeiter soll zukünftig jeden Kontakt in die Datenbank eingeben. Man setzt sich in einem Team

zusammen, um Methoden zu erarbeiten, mit denen die Mitarbeiter näher an den PC heran geführt werden. Die Aufgabenstellung lautet also:

„Wie kann ich meinen Mitarbeitern den PC näher bringen und diese am Computer schulen?"

Machen Sie gleich mit!
In einem Imaginären Brainstorming sammelt man Ersatzbegriffe zu dieser Aufgabenstellung. So wählt das Brainstorming-Team statt der „Mitarbeiter" eine andere Gruppe, die möglichst weit von der ursprünglichen Aufgabenstellung entfernt ist. Die Gruppe muss auch nicht menschlich sein. Achten Sie darauf, dass die Begriffe bildhaft sind und Sie sie sich leicht vorstellen können. Sammeln Sie ca. zehn Begriffe, wie etwa:

- Köche
- Orchester
- Fußballmannschaft
- Elefantenherde
- Außerirdische
- Wolfsrudel
- Manager

Gleiches wird für den Begriff „PC" gemacht. Auch hier sucht das Team irgendwelche Dinge, die thematisch möglichst weit vom PC entfernt und bildhaft sind.

Zum Beispiel:
- Klavier
- Weinkeller
- Auto

- Telefon
- Software (zu bildleer und zu nah am Thema)

Nehmen wir einmal an, die Wahl fällt auf das Begriffs-paar Außerirdische und Auto. Damit lautet die neue Aufgabenstellung:

„Was muss ich tun, um Außerirdischen das Autofahren beizubringen?"

Schreiben Sie alles auf, was Ihnen dazu einfällt!

 Was müssen Sie beim Imaginären Brainstorming beachten?
Bei der Auswahl der „Ersatzwelt" ist vor allem eines wichtig: Dass die Teilnehmer der Kreativitätssitzung mit den neuen Begriffen eine reiche Bilderwelt verbin-den. Das Gehirn muss in der Lage sein, sich auf eine imaginäre Reise zu begeben. Wer die „kleinen, grünen Männchen" vor sich sieht, die verunsichert am Steuer eines Autos sitzen, und wem vielleicht sogar das Dröh-nen des Motors in den Ohren klingt, dem wird es umso besser gelingen, auch Areale seiner rechten Gehirnhälfte zu aktivieren. Das Ergebnis: Ihm steht ein neues, bisher ungenutztes Potenzial an Ideen, Bildern und Kreativität zur Verfügung. Sie kommen auf Ansätze, die Sie bei der ursprünglichen Aufgabenstellung nie beachtet hätten. Oder haben Sie beachtet, dass Sie bei unserem Beispiel die Sprache des Außerirdischen lernen müssen?
Achten Sie darauf, dass die beiden Ersatzbegriffe mög-lichst wenig mit der ursprünglichen Fragestellung zu

tun haben und eigentlich nicht zusammen passen. Unser Gehirn ist dazu verleitet, immer wieder Parallelen zur Ausgangssituation zu suchen und damit auf die bequemen, ausgetretenen Pfade zurückzukehren. Vorschläge wie „Manager und Telefon" sollte man im obigen Beispiel deshalb eher ablehnen.

Der zweite Schritt: Wie bringt man einem Außerirdischen das Autofahren bei?

Überlegen Sie selbst einmal. Was halten sie von folgenden Vorschlägen?

- Das Interesse des Außerirdischen mit einer Probefahrt wecken.
- Die Technik genau erklären: Wie bremse ich? Wie gebe ich Gas?
- Die Freude am Fahren vermitteln, zum Beispiel mit einem schnellen und eleganten Auto.
- Die gegenseitigen Sprachkenntnisse verbessern, um dem Außerirdischen das Nötigste überhaupt erklären zu können.
- Ein attraktives Ziel für die Fahrt aussuchen – beispielsweise einen Ausflug in die Berge.
- Günstige Leasingraten für den Autokauf anbieten.
- Die Vorteile, wie beispielsweise schnell von einem Ort zum anderen gelangen, demonstrieren und schmackhaft machen.

Diese Liste kann beliebig ergänzt werden. Im optimalen Fall sollten nach einem Imaginären Brainstorming dreißig bis vierzig Ideen auf dem Papier stehen. Die Ideenfindung an sich dauert ca. 20 Minuten. Wie immer bei Kreativitätstechniken gilt dabei der Grundsatz: Es zählt vor allem die Quantität. Nach Qualität können Sie später noch sortieren. Deshalb ist die Kritik an einem Vorschlag auch hier strengstens verboten!

4.3 Die Auswertung des Imaginären Brainstorming

Was aber bringt dem Team die erfolgreiche Fahrstunde eines Außerirdischen, wenn doch eigentlich Mitarbeiter am PC geschult werden sollen? Sie werden staunen, wie viele gute Ideen sich auf die Realität übertragen lassen! Bei der Auswertung des Imaginären Brainstorming wird jeder der Vorschläge wieder zurück in die eigentliche Aufgabenstellung übersetzt. Die Gruppe stellt sich bei allen Punkten dieselbe Frage:

„Auf welche vergleichbare Art und Weise kann ich meine Mitarbeiter an den PC heranführen?"

Versuchen Sie doch einmal, ihre eigenen Ideen auf die Ursprungsaufgabe anzuwenden! Dabei wird Erstaunliches zu Tage treten. Hier nur einige Beispiele dafür, dass Außerirdische und Autos offensichtlich durchaus etwas mit Mitarbeitern und PCs zu tun haben.

- Statt einem Außerirdischen günstige Leasingraten für den Autokauf anzubieten, könnte das Unternehmen Mingle ihre Mitarbeiter beim Kauf eines eigenen Computers für den Heimbedarf finanziell unterstützen.

- Der Gedanke, Außerirdische mit großen und schnellen Wagen für das Autofahren zu begeistern, könnte die Firma inspirieren, auch beim Computerkauf für das Unternehmen nicht zu knauserig zu sein. Auch ein Anfänger sitzt lieber vor einem leistungsstarken und schnellen Rechner.

- Auch unter Mitarbeitern können Verständigungsprobleme auftreten – vor allen Dingen in einer Sprache, in der es von Fachbegriffen nur so wimmelt, wie eben im IT-Jargon. Hierauf könnte die Mingle GmbH in den Schulungen besonderen Wert legen.

Sie sehen: Was auf den ersten Blick vollkommen fremd erschien, lässt sich tatsächlich erfolgreich übertragen. Häufig löst das imaginäre Bild bei den Teammitgliedern unterschiedliche Übertragungsbeispiele aus. Schreiben Sie alle mit!

Womöglich wirkt diese Methode zunächst deshalb so abwegig, weil wir uns die „kleinen, grünen Männchen" tatsächlich viel lebendiger vorstellen können als unsere Mitarbeiter oder Kunden.

Probieren Sie es doch einfach einmal selber im Team aus. Sie werden sehen, Ihre Kollegen werden begeistert mitarbeiten. Den meisten Menschen macht das Schwärmen in ihrer eigenen abstrakten Fantasie Spaß. Auch das ist übrigens ein Vorteil! Das verkrampfte Gehirn entwickelt selten einen guten Gedanken. Und – falls Sie sich nicht gleich an die Teamarbeit trauen: Diese Kreativitätstechnik lässt sich durchaus auch alleine anwenden!

4.4 Die Vorteile des Imaginären Brainstorming

- Sie erschließen neue kreative Potenziale durch die Aktivierung der Fantasie und des bildhaften Sehens.
- Durch die Übertragung auf ein imaginäres Problem verlassen Sie eingefahrene Denkstrukturen und -bahnen.
- Durch ein entspannteres Nachdenken steigen das Gruppenklima und die Kreativität.

Auch wenn Ihnen diese Kreativitätstechnik auf den ersten Blick vielleicht absurd erscheint: Probieren Sie das Imaginäre Brainstorming aus. Sie werden von den „realistischen" Ergebnissen überrascht sein!

 Zu Ihrer Aufgabe:
„Wie kann ich meinen Mitarbeitern den PC näher bringen und diese am Computer schulen?" finden Sie auf der übernächsten Seite ein exemplarisch ausgefülltes Formblatt.

 Aufgabenbeispiele:
Privat: Wie schafft man es, dass Kinder gerne zur Schule gehen? (Ziel: Kinder gehen gerne zur Schule).
Beruf: Wie können wir mehr Zeitungsabos/Unfallversicherungen/techn. Service etc. an den Kunden verkaufen? (Ziel: Zeitungsabos/Unfallversicherungen/techn. Service verkaufen).
Wie bekommen wir mehr Kunden in den Laden/ auf den Messestand/auf die Homepage?
(Ziel: Kunden besuchen Laden/Messestand/ Homepage).

Wichtig:

Vorlagen für Imaginäres Brainstorming finden Sie unter
www.textakademie.de.

- *Bei dieser Technik wird die eigentliche Frage-*
  stellung so in eine Fantasiewelt übertragen, dass
  Ihr Gehirn ungezwungener arbeitet. Im Team
  suchen Sie Lösungen für das abstrakte Ersatz-
  problem.
- *Sie werden staunen, wie leicht sich diese Lösungen*
  auf das ursprüngliche Problem übertragen lassen.

Notizen:

4. Das Imaginäre Brainstorming

Seminar
Kreativitätstechniken

Fachdozentin
Claudia Bayerl

4. Kreativer Prozess ...Kreativitätstechniken

__Imaginäres Brainstorming__ Wie kann ich meinen Mitarbeitern den PC näher bringen und sie am PC schulen?

Außerirdische →Autofahren	Mitarbeiter →PC
Interesse des Außerirdischen mit einer Probefahrt wecken	durch praktisches Umgehen Interesse an der Arbeit mit dem PC wecken
Technik genau erklären: Wie bremse ich? Wie gebe ich Gas?	Schulungen anbieten
Freude vermitteln, z.B. durch ein elegantes Auto	leistungsstarke u. schnelle PCs kaufen
Sprachdifferenzen überwinden, um überhaupt zu kommunizieren.	IT-Jargon evtl. auch in Schulungen lehren
attraktives Ziel für die Probefahrt wählen	Mitarbeiter erst einmal spielerisch an den PC heranführen
günstige Leasingraten anbieten.	Unterstützung der Mitarbeiter bei der Anschaffung eines PCs für d. Heimbedarf
Außerirdischen mit Anerkennung in der irdischen Welt durch das Auto locken	d. Mitarbeiter mit Anerkennung in der Geschäftswelt locken
bei Kauf eines Autos kostenlose Serviceleistungen anbieten	den Mitarbeitern immer die neuesten Standards bieten

Seminar
Kreativitätstechniken

Fachdozentin
Claudia Bayerl

Die Aufgabe / Das Problem / 635 Technik

....

5. Die Osborne-Checkliste

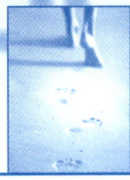

Wie Sie Ihrem Gehirn auf die Sprünge helfen

Ohne Kreativität wäre unser Leben deutlich schwieriger. Das verdeutlichten schon unsere Vorfahren, die Neandertaler. Die Erfindung des Faustkeils war nichts anderes als ein kreativer Prozess. Seitdem hat unsere Gattung viel kreative Energie investiert und unzählige, immer komplexere Arbeitshilfen entwickelt. Ein Leben ohne Werkzeuge ist nicht mehr vorstellbar. Oder möchten Sie ohne Hammer, Herd oder Auto leben?

5.1 Die Osborne Checkliste – ein geistiger Panoramaflug

Mit der Osborne-Checkliste haben wir ein Spezial-Werkzeug zur Hand, das für die Gehirn-Arbeit wie geschaffen ist. Die Stärke dieser Kreativitätstechnik liegt vor allem darin, bereits existierende Ideen zu optimieren und aus Bestehendem Neues zu kreieren. Der Trick: Statt Ideen, Prozesse oder Konzepte ausschließlich aus gewohnten Perspektiven zu betrachten, drängt uns die Osborne-Checkliste neue Betrachtungsweisen auf. Anhand einer vorgegebenen Frageliste zwingt sie uns systematisch dazu, die Perspektiven zu wechseln. Ein Panoramaflug, der uns den Blick auf ungeahnte Möglichkeiten eröffnet!

Alexander Osborne: Werbestar und Kreativitätsgenie
Erfunden hat die Checkliste Alexander Osborne. Der Amerikaner war um 1940 stellvertretender Direktor

und Mitinhaber einer der weltweit größten Werbeagenturen. Berühmt wurde er jedoch durch eine andere Entwicklung: dem Brainstorming. Auf die Idee der Checkliste kam Osborne, als er beobachtete, wie seine Kollegen und Bekannten ihre Probleme angingen. Ihm fiel auf: Fast alle Aufgaben hätten sich viel schneller lösen lassen, wenn man von Anfang an die richtigen Fragen gestellt hätte. Zumal sich die Fragen bei allen Problemfällen stark ähnelten! Also entwickelte Alexander Osborne einen Fragenkatalog und schuf daraus die Checkliste.

5.2 Die Osborne-Checkliste in der Praxis
oder: Wie wir eine lebensverlängernde Maßnahme für unsere Visitenkarten fanden

Um den Fragenkatalog genauer zu erklären, hier ein Beispiel aus unserem eigenen Unternehmen: Vor rund drei Jahren waren wir es in unserer Firma einfach Leid, viele der von uns verteilten Visitenkarten schon nach kürzester Zeit im Papierkorb zu wissen.

Die Frage lautete:
„Was können wir machen, um unseren Visitenkarten eine noch höhere Aufmerksamkeit und eine längere Überlebenszeit zu sichern?"

Sind transparente Karten auf Folie langlebiger? Sollen wir statt auf Papier auf Holz drucken? Wir hatten zwar viele interessante Ideen, aber keine von ihnen erfüllte hundertprozentig ihre Aufgabe. Was wir auch ersannen: Es blieben einfache Visitenkarten. Wir aber wollten mehr. Deshalb beschlossen wir, die Osborne-Checkliste einzusetzen.

5.3 Kreativ sein mit System

Wie von Alexander Osborne vorgesehen, gingen wir die Liste Punkt für Punkt durch. Die Frage „Wie könnte man das Objekt vergrößern?", brachte uns auf die Idee, unsere Visitenkarte als Postkarte zu drucken.

Auch die Bedeutung, Farbe oder Bewegung unserer Karte zu verändern, fiel uns nicht schwer: Jedes einzelne Stück, so unsere Idee, könnte man als Einzelteil eines großen Puzzles bedrucken. Wir hofften, unseren Karten dadurch einen gewissen Sammlerwert zu verleihen.

Die nächste Frage lautete: „Durch welches Produkt ließe sich unsere Visitenkarte ersetzen?" Warum die Karte eigentlich nicht gleichzeitig als Bonuskarte oder Gutschein verwenden, dachten wir uns. Schließlich kamen wir auf die Idee mit der Pin-Code-Karte. Denn immer wieder dachten wir bei unseren Überlegungen an Kreditkarten, die ja meist in der Nähe der Visitenkarten in den Portemonnaies stecken.

Wir wussten zwar nicht auf jeden der zehn Punkte eine Antwort, aber das ist bei der Osborne-Checkliste auch nicht unbedingt notwendig. Bleibt eine Frage unbeantwortet, darf sie mit gutem Gewissen übersprungen werden. Aber haken Sie die Punkte nicht einfach ab. Loten Sie jeden bis in die Tiefe aus.

Wichtig ist – wie bei allen Kreativitätstechniken – vor allem eins: Schreiben Sie jede Idee auf, egal wie unrealistisch sie Ihnen auch erscheint. Über die Realisierbarkeit eines Vorschlags wird erst später entschieden.

5.4 Vom Osborne-Check bis ins Patent – die Pin-Code-Karte

In der zweiten Phase filtern Sie die Ideen nach zwei Fragestellungen: Was ist realisierbar? Und welche Idee erfüllt den beabsichtigten Zweck?

In unserem Fall konnten wir uns eine Gutschein-Visitenkarte zwar gut vorstellen, am besten gefiel uns aber die Pin-Code-Karte. Inzwischen schmückt die Rückseite jeder unserer Visitenkarte eine solche Merkhilfe. Mit dem mittlerweile geschützten Verfahren lassen sich mit einem persönlichen Passwort vier Zahlenkombinationen auf einmal codieren – die Besitzer unserer Karte können sich also ihre Kreditkarten- und sonstigen Pin-Codes kinderleicht merken. Missbrauchssicher, denn jeder Außenstehende sieht lediglich einen undurchschaubaren Zahlensalat vor sich.

Ihre ursprüngliche Aufgabe erfüllt die Karte zu unserer vollsten Zufriedenheit. Viele Kunden und Geschäftspartner erzählen uns, dass unsere Visitenkarte einen festen Platz in ihrem Portemonnaie gefunden hat. Den Besuchern unserer Webseite bieten wir seit kurzem an, ihnen eine oder mehrere Karten gratis zuzusenden. Das Ergebnis: Bis zu 4.000 Kunden fordern jeden Monat unsere Visiten- und Pin-Codecard an – und lassen sie garantiert nicht in den Papierkorb wandern!

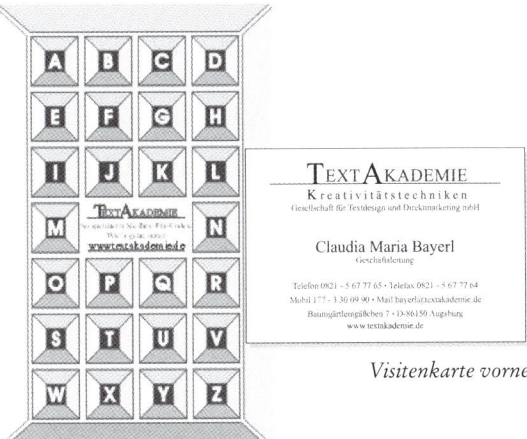

Visitenkarte vorne

Visitenkarte hinten

5.5 Worauf Sie bei der Osborne-Checkliste achten sollten

Auch für die Suche nach kreativen Ideen für Direkt-Mailings, Broschüren und Verpackungen eignet sich die Osborne-Checkliste hervorragend.

Wichtig ist, dass Sie Ihr Ziel deutlich formulieren. Von Anfang an muss klar sein, wohin die Reise gehen soll. Sie sollten für diese Kreativitätstechnik, abhängig von der Aufgabenstellung, etwa eine Stunde Zeit einkalkulieren. Als Gruppengröße empfehlen wir vier bis acht Teilnehmer sowie einen Moderator.

5.6 Die Nachteile der Osborne-Checkliste

Die Checkliste eignet sich nicht so gut, wenn Sie etwas völlig Neues entwickeln möchten. Auch Ihrem Texter werden die Fragen nur in seltenen Fällen weiterhelfen.

Trotzdem: Die Osborne-Checkliste kann ein nützliches Instrument sein. Ein Werkzeug für Ihr Gehirn, das Sie immer wieder schätzen werden. Nämlich immer wieder dann, wenn kreative Ideen und Konzepte gefragt sind!

 Aufgabenbeispiele:

Privat: Interessantere Gestaltung von Einladungen.

Schule: Wie verändern wir die Lehrbücher gehirngerechter/ das Klassenzimmer?

Beruf: Veränderungen von Verpackungen, Weiterentwicklung von Produkten; Veränderung des Mailings; Andere Geschenkidee finden; Andere Weihnachts-, Geburtstags-Eventeinladungen entwickeln.

 Wichtig:

Die Osborne-Checkliste finden Sie unter www.textakademie.de

- *Mit dieser Technik durchleuchten Sie Ihr Problem anhand einer konkreten Checkliste.*
- *Sie hinterfragen Ihre Aufgabe Punkt für Punkt nach möglichen Verbesserungen.*

Bestellen Sie einfach Ihre gratis Code-Card unter
www.textakademie.de

© *Institut für Kreativitätstechniken*
www.textakademie.de

Seminar
Kreativitätstechniken

Fachdozentin
Claudia Bayerl

4. Kreativer Prozess ...Kreativitätstechniken

Die Osborne - Checkliste

Methode:
Arbeit mit Checklisten

Die Osborne-Checkliste

1. **Anders verwenden!** - Gibt es andere Einsatzmöglichkeiten? Lässt sich die Idee woanders einsetzen?

2. **Anpassen!** - Was ähnelt dieser Idee? Gibt es Parallelen? Was könnten Sie nachahmen?

3. **Ändern!** - Können Sie Bedeutung, Farbe, Bewegung, Größe, Form, Klang, Geruch etc. verändern?

4. **Vergrößern!** - Können Sie es größer machen? Etwas hinzufügen? Die Häufigkeit erhöhen? Die Stärke? Die Höhe? Die Länge? Den Wert? Den Abstand? Können Sie es vervielfältigen? Übertreiben? Vergröbern?

5. **Verkleinern!** - Können Sie es kleiner machen? Etwas wegnehmen? Tiefer machen? Kürzer? Dünner? Leichter? Heller? Feiner? Können Sie es aufspalten? Als Miniatur verwenden?

6. **Ersetzen!** - Was können Sie an der Idee austauschen? Lässt sich der Prozess anders gestalten? Gibt es andere Positionen? Tonlagen? Elemente aus anderen Ländern, Zeiten, Verfahren?

7. **Umstellen!** - Können Sie Teile, Abschnitte austauschen? Lässt sich die Reihenfolge ändern? Ursache und Wirkung umdrehen?

8. **Umkehren!** Was wäre das Gegenteil der Idee? Wie sieht die Idee spiegelverkehrt aus? Lassen sich Rollen tauschen? Lässt sich die Idee um 180 Grad drehen?

9. **Kombinieren!** - Können Sie die Idee mit anderen verbinden? Lässt sie sich in ein größeres Ganzes einfügen? In Bausteine zerlegen?

10. **Transformieren!** - Können Sie es durchlöchern, zusammenballen, ausdehnen? Härten? Verflüssigen? Durchsichtig machen?

Bewertung:
- Durch Fragenkatalog stark strukturiert.
- Leicht erlernbar.
- Allein einsetzbar.

Weitere Formvorlagen finden Sie unter: www.textakademie.de

5. Die Osborne-Checkliste

© Institut für Kreativitätstechniken
www.textakademie.de

Seminar
Kreativitätstechniken

Fachdozentin
Claudia Bayerl

4. Kreativer Prozess ...Kreativitätstechniken

ÜBUNG: Osborne-Checklisten

1. Anders verwenden	
2. Anpassen	
3. Ändern	
4. Vergrößern	
5. Verkleinern	
6. Ersetzen	
7. Umstellen	
8. Umkehren	
9. Kombinieren	
10. Transformieren	

Weitere Formvorlagen finden Sie unter: www.textakademie.de

Notizen:

6. Die Sechs Denkhüte

Was bedeuten die sechs Farben?

Wie läuft eine Sitzung mit Denkhüten ab?

Welche Tricks gibt es?

Wie Sie der Wettkampf der Perspektiven zum Ziel führt

Welcher Ihrer zahlreichen neuen Einfälle ist am besten für Ihr Ziel geeignet? Welche Idee wird Ihr Geschäft ankurbeln? Auch für die Wahl der besten Idee steht Ihnen eine Kreativitätstechnik zur Verfügung: Mit den „Sechs Denkhüten" beleuchten Sie Ihre Ideen noch einmal von allen Seiten und optimieren sie weiter.

Das Prinzip der Sechs Denkhüte ist einfach und effektiv: Eine Art Rollenspiel zwingt jeden Teilnehmer, die zu besprechende Idee, das neue Konzept oder den Verbesserungsvorschlag strukturiert aus den unterschiedlichsten Perspektiven zu betrachten. Jeder „Hut" symbolisiert dabei eine bestimmte Rolle – und eine andere Sichtweise. Tragen Sie zum Beispiel den weißen Hut, lassen Sie nur objektive Zahlen und Fakten gelten. Haben Sie den gelben Hut auf, richtet sich Ihre Konzentration allein auf die positiven Seiten der zu beurteilenden Idee.

6.1 Konstruktive Teamarbeit dank der Sechs Denkhüte

Die Vorteile liegen auf der Hand: Weil die Sichtweisen fein säuberlich getrennt sind, werden störende und unbewusste Überlagerungen vermieden. Wie oft scheitern gute Vorschläge an untergründigen Gefühlen wie Stolz, Neid oder persönlicher Antipathie? Wie viele

Vorschläge sind schon abgelehnt worden, nur weil sie von der vermeintlich falschen Person stammten?

Diese Kreativitätstechnik hilft Ihnen, solche in Meetings auftretenden Schwächen wirksam zu vermeiden. Bei vielen Diskussionen handelt es sich leider mehr um einen Wettstreit persönlicher Ansichten als um ein Ringen um die besten Ideen. Es zählt nicht allein die Qualität eines Vorschlags. Wichtig sind häufig auch das Ansehen und die rhetorischen Fähigkeiten der Person, die den Vorschlag vertritt. Wäre es nicht sinnvoll, diese persönlichen Befindlichkeiten auszuschließen und die einzelnen Perspektiven miteinander konkurrieren zu lassen? Genau das ist das Ziel der Sechs Denkhüte: Alle Teilnehmer bemühen sich gemeinsam und konstruktiv darum, einen Vorschlag umfassend zu beurteilen. Damit ist jeder gezwungen, auch ungewohnte Perspektiven einzunehmen. Wichtig ist dabei, dass alle Teammitglieder gleichzeitig und gemeinsam die jeweiligen Hutfarben tragen.

6.2 Sechs Farben – sechs Sichtweisen

Um die einzelnen Perspektiven klar voneinander abzugrenzen, hat der Entwickler, der Kreativitätsforscher Dr. Edward de Bono, sie mit dem Symbol der sechs verschiedenfarbigen Hüte gekennzeichnet. Alle setzen als Erstes den gelben Hut auf:

Der gelbe Hut
Denken Sie dabei an die Sonne und den Sonnenschein. Mit dem sonnenfarbenen, gelben Hut sollten Sie die

Dinge allein von ihrer positiven Seite sehen. Suchen Sie nach den Vorteilen. Bemühen Sie sich, die Idee zu unterstützen. Aber schweben Sie nicht gleich auf rosaroten Wolken - der Boden sollte in Sichtweite bleiben. Wichtig ist dabei, dass sie nicht einfach sagen: „Das finde ich gut.", sondern dass Sie auch Argumente dafür nennen.

Der schwarze Hut

Der schwarze Hut steht für den Richter in Robe, den Kritiker, den Skeptiker. Welche Risiken und Schwierigkeiten können mit dem Vorschlag verbunden sein? Gibt es gesetzliche Bestimmungen, die der Umsetzung entgegenstehen? Wo sind die Schwächen des Konzepts? Vergessen Sie nicht: Die schonungslose Betrachtung Ihres Problems steht im Vordergrund, nicht die Rücksichtnahme auf den Kollegen, der den Vorschlag gemacht hat. Gerade von solchen Denk-Hemmnissen sollen die Hüte Sie befreien.

Der weiße Hut

Denken Sie an das leere Blatt Papier. Der Träger des weißen Hutes versucht die Dinge sachlich und objektiv zu sehen. Welche Informationen fehlen noch? Wo sind Lücken? Sammeln Sie hier alle Fakten und Zahlen zu dem Vorschlag. Typisch sind hier die W-Fragen: Wieviel? Wer? Wann? Wo?

Der rote Hut

Rot steht für Feuer und Wärme und symbolisiert die emotionale Seite. Gibt es etwas an dem Vorschlag, was Sie ganz persönlich stört? Vielleicht behindert er Ihr berufliches Fortkommen? Jetzt ist der Zeitpunkt, dies anzubringen. Der rote Hut bietet Ihnen die Chance, störende Gefühle aus dem Hintergrund zu zerren und zu artikulieren. Der zweite Vorteil: Der rote Hut schafft Platz für Ihre intuitive Seite. Unterschätzen Sie diese nicht – auch Intuition gründet oft auf Erfahrung.

Der grüne Hut

Dieser Hut steht für Wachstum und Vegetation. Grün ist die Natur und so sollen auch unter dem grünen Hut Ihre kreativen Gedanken sprießen. Suchen Sie Varianten. Gibt es noch andere Möglichkeiten, die sich aus dem Vorschlag ergeben?

Der blaue Hut

Denken Sie an den Himmel und die Vogelperspektive von oben. Der blaue Hut ist immer der letzte Hut in der Reihe. Sie wechseln jetzt Ihren Standort und nehmen die Vogelperspektive ein. Jetzt betrachten Sie alle Punkte von oben und zusammen. Hier beginnt der Ausleseprozess. Was hat seine Berechtigung? Welche der herauskristallisierten Nachteile und Vorteile sind es wert, näher beleuchtet zu werden? Bewerten Sie noch einmal aufs Neue: Welche Idee dient Ihrem Ziel am besten?

6.3 Der Ablauf der Sechs-Denkhüte-Sitzung

Für jeden Hut sollten sie sich fünf bis zehn Minuten Zeit geben. Wie bei allen Kreativitätstechniken gilt hier die Quantität. Auf die Qualität konzentriert man sich im letzten Schritt. Der Moderator legt die Reihenfolge der

Hüte fest, in der sie nacheinander und gemeinsam in der Gruppe bearbeitet werden. Das ganze Team hat immer gleichzeitig die selbe Hutfarbe auf und betrachtet somit das Thema immer gemeinsam aus der jeweilgen Hutperspektive.

Versuchen Sie es einmal selbst. Bewerten Sie und Ihr Team in Zukunft Ideen mit den „sechs denkenden Hüten". Setzen Sie sich nacheinander die sechs Hüte auf und schreiben Sie Ihre Einfälle auf. Am besten schreiben Sie die Ideen auf einer Flip-Chart mit und hängen noch jedem Hut die Seiten gut sichtbar auf. Sie werden überrascht sein, was in Ihren Ideen alles steckt!

Wie verbessern wir das Betriebsklima?

In einem unserer Seminare hatten wir uns als Übungsaufgabe mit Hilfe des 6-3-5-Brainstorming überlegt, wie man das Betriebsklima verbessern kann. Einen der Vorschläge nahmen wir schließlich mit der Denkhut-Technik genauer unter die Lupe.

Die Idee: Die ganze Abteilung macht an einem Abend einen gemeinsamen Kochkurs unter professioneller Anleitung:

Unter dem gelben Hut fiel uns ein:
- Man kocht normalerweise mit und für Freunde. Auch Kollegen können Freunde sein.
- Es gibt keinen 1. oder 2. Platz, somit ist das gesamte Team gemeinsam erfolgreich.

Der schwarze Hut förderte zutage:
- Gefahr durch Verbrennungen.
- Auf besondere Essensallergien und Vegetarier achten.

Der rote Hut brachte folgende Ergebnisse:
- Ich koche gern und freue mich darauf, mit Kollegen ein „Menü" zu kochen.
- Ich kann nicht kochen, hoffentlich blamiere ich mich nicht. Ich kann bestimmt viel lernen.

Der weiße Hut wies uns auf folgende Informationslücken hin:
- Was kostet eigentlich der Kochkurs und der Kochcoach?
- Wo können wir den Kochkurs halten?

Der grüne Hut brachte folgende Alternativen:
- Wir könnten es mit der Weihnachtsfeier oder Betriebsfeier verbinden.
- Kollegen kochen für Kollegen. Tagsüber kochen und abends feiern.

Bevor der blaue Hut eingesetzt wurde, legten wir eine Pause von 15 – 20 Minuten ein. In der Pause las sich das Team die Hut-Argumente noch einmal durch.

Diese Pause ist unbedingt zu empfehlen, weil sie eine distanzierte Betrachtungsweise erleichtert. Wenn nötig, kann auch ein Hut wiederholt werden. Das entscheidet der Moderator.

Im letzten Schritt wird von allen Teilnehmern per Abstimmung die Entscheidung gefällt. Ist der Vorschlag umsetzbar? Oder lässt er sich sogar verbessern?

6.4 Kniffe und Tricks bei den Sechs Denkhüten

Die Reihenfolge der einzelnen Hüte ist nicht beliebig. Beginnen Sie mit dem gelben Hut. Falls Sie hier keine Vorteile finden, erübrigen sich die anderen Hüte. Nehmen Sie dann den nächsten Vorschlag zur Prüfung. Gehen Sie sparsam mit dem schwarzen Hut um. Der Grund ist bekannt: Der Mensch neigt zu kritischem Denken. Nachteile zu sehen, fällt ihm leichter. Deshalb sollten Sie den gelben Hut möglichst vor dem schwarzen einsetzen.

Sie sehen: Weil der Moderator die Reihenfolge der Hüte bestimmt oder einzelne Phasen sogar wiederholen lässt, hat er einen ungeheuren Einfluss auf das Ergebnis.

6.5 Schaffen Sie Raum für Ihre Kreativität

Die Hutwechsel-Methode hilft Ihnen, klare Positionen zu beziehen und trotzdem Ihrer Fantasie freien Lauf zu lassen. Weil Sie Argumente und Standpunkte aus Ihrer Bindung an die vortragende Person lösen, lassen sich persönliche Konflikte vermeiden. Dadurch räumen Sie Konflikte in Ihren Meetings aus dem Weg.

Probieren Sie es aus! Wenn Sie diese Kreativitätstechnik nutzen, haben Sie das Werkzeug in der Hand, um die Vielzahl Ihrer neuen Ideen zu sortieren. Sie werden sehen – auch Ihre Ideen oder Konzepte lassen sich noch verbessern!

Aufgabenbeispiele:

Privat: Wie verbessern wir das Nachbarschaftsverhältnis in unserer Straße?

Vorschläge: Straßenfest, Liederabend, Kugelclub.

Beruf: Wie können wir das Betriebsklima verbessern?

Vorschläge: Betriebsausflug, Golfkurs, Kochkurs.

Wie verbessern wir die Leistungsfähigkeit der Vertriebsabteilung?

Vorschläge: Umsatzbeteiligung, Event-Reisen, Prämien.

Wichtig:

Weitere Beispiele und auch eine Vorlage für die Denkhüte-Strategie zum kostenlosen Download finden Sie unter www.textakademie.de unter dem Link Kreativitätstechniken.

- *Der vorgegebene Perspektivenwechsel schaltet persönliche Befindlichkeiten und endlose Diskussionen aus. Alle Teammitglieder setzen gleichzeitig unterschiedliche Hüte auf. Somit werden verschiedene Perspektiven strukturiert betrachtet. Jeder einzelne Vorschlag durchläuft ein systematisiertes Prüfungskriterium und wird von allen Seiten objektiv beurteilt.*
- *So erhalten Sie Vorteile, Nachteile, objektive, persönliche und kreative Sichtweisen in kürzester Zeit.*

Ein Schlusswort, das ein Anfang ist ...

30 Minuten sind vorbei, und nun ist Ihr Büchlein doch zu klein, um alles zu sagen, was wichtig ist. Doch dieses Buch soll nur der Beginn und nicht das Ende sein. Denn jetzt heißt es für Sie weitermachen, das Gelernte anwenden und profitieren. Und das jeden Tag!
Dabei möchte ich Sie gerne unterstützen und begleiten. Deshalb zum Schluss noch drei wichtige Tipps:

1. Fallen Sie nicht wieder in alte Gewohnheiten zurück, sondern üben Sie, so oft es geht. Den eigentlichen Gewinn aus diesem Buch haben Sie nur, wenn Sie die gelernten Techniken auch einsetzen. Sie haben 6 nützliche Werkzeuge kennengelernt! Schließlich legen Sie einen Hammer ja auch nicht wieder in den Werkzeugkasten zurück, wenn Sie einmal wissen, dass es ihn gibt. Sie schlagen den Nagel ja nicht mit der Faust in die Wand.

2. Hilfestellungen, Checklisten, Beispiele vieles mehr finden Sie ganz einfach auch auf unserer Homepage unter www.textakademie.de. Und um Ihr Wissen immer wieder aufzufrischen und zu ergänzen, schreibe ich alle vier Wochen einen Tipp des Monats zum Thema Kreativität. Er ist kostenlos und liefert Ihnen alle vier Wochen ganz praktische Hilfen und Nachrichten zu unserem Thema.

3. Vielleicht sehen wir uns aber auch auf einem meiner Vorträge oder Seminare zum Thema Kreativität. Ich freue mich schon sehr auf ein persönliches Kennenlernen. Die wichtigsten Termine und Details finden Sie ganz einfach ebenfalls auf unserer Homepage.

Zum guten Schluss: Legen Sie los, entwickeln Sie viele überraschende Ideen, machen Sie Meetings zu Ideen-Fundgruben. Ich wünsche Ihnen, dass jede Technik hilft, Ihre persönlichen Ziele noch schneller und noch besser zu erreichen!

Passen Sie gut auf sich auf und bleiben Sie schön kreativ!

Ihre Claudia Maria Bayerl

Textakademie GmbH
Institut für Kreativitätstechniken
Augsburger Offiziershaus
Walter-Oehmichen-Weg 6, 86150 Augsburg
Tel: 08 21-5 67 77 65, Fax: 08 21-5 67 77 64
www.textakademie.de, info@textakademie.de

Die Autorin

Claudia Maria Bayerl ist Expertin für Kreativitätstechniken und Finanzmanagement.
Die Betriebs- und Finanzwirtin ist seit über 10 Jahren als Unternehmerin tätig und hat in dieser Zeit viele Firmen erfolgreich beraten. Sie ist Trainerin mit den Schwerpunkten Kreativitätstechniken und Finanzmanagement und als Fach-Journalistin und Moderatorin tätig. Sie ist Lehrbeauftragte der Universität Augsburg und als Unternehmensberaterin für viele angesehene und große Unternehmen tätig. Frau Bayerl ist heute geschäfts-

führende Gesellschafterin der Textakademie GmbH und Gründerin des Instituts für Kreativitätstechniken.

Es ist ein lobenswerter Brauch:
Wer Gutes bekommt, der bedankt sich auch.
Wilhelm Busch

Ein herzliches Dankeschön an

- die vielen Seminarteilnehmer, ohne die dieses Büchlein nie entstanden wäre,
- Herrn Stefan Gottschling, den Geschäftsführer der Textakademie GmbH, der mich ständig antrieb, dieses Buch zu schreiben und mich immer hilfsbereit beriet,
- meinem Vater Herrn Rudolf Bayerl, der mich als Unternehmer und Kreativitätstechniken-Experte immer hilfreich unterstützte,
- das Redaktionsteam der Textakademie GmbH u.a. Marco Niecke, Fridericke Fröhlich und Christine Liebeck, die ganz eifrig dieses Büchlein begleiteten.

Weiterführende Literatur und Links

- Gottschling, Stefan: Stark texten, mehr verkaufen; Gabler Verlag
- Gottschling, Stefan: Textwerkstatt – Das Hörprogramm; Textakademie
- Bono de, Edward: Serious Creativity, Schäffer – Poeschel Verlag
- Buzan, Tony: Kopftraining, Goldmann Verlag
- Kirckhoff, Mogens: Mind Mapping, Gabal Verlag
- Holler, Johannes: Das neue Gehirn, Junfermann Verlag

- Gershon, Michael: Der kluge Bauch, Goldmann Verlag

Mehr Buchtipps unter www.textakademie.de

Link-Tipps

- Textakademie GmbH: www.textakademie.de
- Stabilo: www.stabilo.de
- 3m: www.mmm.de
- Mindjet: www.mindjet.de
- Bautipps: www.tippzumbau.de

Register

Erfolg hat Methode

Das Seminar Kreativitätstechniken:
So machen Sie noch mehr aus Ihren guten Ideen ...

Jetzt wissen Sie, wie man mit Techniken erfolgreicher und schneller zum gewünschten Ziel kommt. Doch Vorsicht vor der Gewohnheitsfalle. Gehen Sie neu an alte Dinge heran! Entwickeln Sie mit Hilfe der neuen Techniken, was in Ihnen steckt. Unterstützung finden Sie auf unserer Homepage und im monatlichen „Tipp des Monats" mit neuen Themen zur Kreativität.

Ein besonderes Erlebnis zur Vertiefung des Gelesenen ist unser Seminar „Kreativitätstechniken" von Claudia Bayerl. Hier erproben Sie **alle Techniken „live"** und setzen praxisnah und mit viel Spaß Mindmapping, Brainstorming oder Denkhüte konkret an eigenen Themen um.

Unter www.textakademie.de finden Sie das komplette Seminarprogramm und konkrete Inhaltsangaben, auch zu den Texterseminaren. Informieren Sie sich ausführlich, stöbern Sie in den Fachartikeln zum Download oder abonnieren Sie einfach den kostenlosen Tipp des Monats.

Dazu möchten wir Sie herzlich einladen!
Wir freuen uns auf Ihren Besuch!

Ihr Stefan Gottschling
Geschäftsführer der Textakademie GmbH

Zu diesem Themenkreis sind bereits erschienen:

 Hans-Jürgen Kratz
30 Minuten für richtiges Feedback

ISBN 3-89749-514-7

 Moritz Boerner
30 Minuten für die Auflösung von Ärger und Frustration

ISBN 3-89749-513-9

 Reinhard Philippi
30 Minuten für die persönliche Inszenierung

ISBN 3-89749-515-5

 Peter Heigl
30 Minuten für faires Streiten und gute Konflikt-Kultur

ISBN 3-89749-295-4

 Peter Heigl
30 Minuten für Philosophie Teil 1 Geschichte und Strömungen

ISBN 3-89749-446-9

 Peter Heigl
30 Minuten für Philosophie Teil 2 Philosophen und ihre Lehren

ISBN 3-89749-478-7

GABAL Verlag GmbH
Postfach 200 252, 63077 Offenbach
Tel.: 0 69/83 00 66-0; Fax: 0 69/83 00 66-66
www.gabal-verlag.de
E-Mail: info@gabal-verlag.de